JN013988

池上彰と考える

未来の社会とデジタル庁

» DXが変える世界と日本

2

監修
池上彰

目次

第3章 健康を支えるデジタル

第4章 デジタルを楽しむ

はじめに

デジタルで近づく「未来社会」SF小説のような世界が来る!?

朝起きると、着ていたパジャマが、今朝の健康状態を知らせてくれる。朝食は、キッチンで「あれを作って」と注文するだけで、電子レンジから出てくる。

今日は校外学習の日。学校ではなく現地集合だという。天気予報だと今日は寒くなりそうなので、発電で身体を温めてくれる服を着ることにする。

初めて行く場所なので、どのように行けばよいか、MaaSに問い合わせると、瞬時に快適な交通手段を教えてくれた。

途中で全自動の自動車に乗る。運転席がないので、車内は広く、友だちと話題の映画を見ているうちに現地に到着。レストランでは、配膳ロボットが座席まで食事を運んでくれた。スマート農業で育てられたトマトやイチゴ、スマート畜産で得られたおいしい牛乳、スマート漁業で新鮮な魚も食べることができる。

食事の後は、VRを使ってスポーツを楽しむことができた。広いサッカー場がなくても、十分に楽しむことができる。

どうですか。まるでSF小説のような生活ですね。SFとは「空想科学」の英語の略称。「将来、こんな未来が来るといいなあ」という空想がもとになっていますが、それなりに科学的な根拠もあります。その「空想科学」が現実のものになりつつあるのです。

先ほど「スマート農業」など「スマート」という用語が出てきましたが、これは「ほっそりとした、かっこいい身体」という意味ではありません。英語で「賢い」ことです。「彼はスマートだ」と英語でいうと、「彼は頭がいい」という意味になります。

ということは、「スマート農業」とは「頭のいい農業」という意味になります。これは、力仕事中心だった農作業を、AI

ジャーナリスト
池上　彰

(人工知能)を使って効率よく効果的に進めることをいいます。そんな農業ができたら、まさに"スマート"ですね。

わたしたちは、いつも自分の健康が気がかりです。朝起きたときに熱っぽかったりすると心配になりますね。でも、パジャマが、寝ているときの汗のかきかたや体温、脈拍などをチェックして、「今朝の体調は○○ですよ」と教えてくれたら安心ですね。

だれでも安全で安心な食べ物がほしいもの。それもAIが管理して調理してくれれば、まるで専属シェフがいるようなものではありませんか。

そしてMaaS。これがどんなものかは本文を読んでくれればわかりますが、目的地にスムーズに短時間で行く方法を教えてくれます。目的地への往復の時間が節約できますから、空いた時間で新しいことができます。

今しきりにニュースになる自動運転車も、まだ完全な自動運転ではありませんが、運転手がまったくいらない完全自動運転まで、あと一歩です。みんながこうした乗り物を利用できるようになれば、交通事故も減ることでしょう。

こうした未来社会を作ることができるのは、AIを駆使したデジタル社会が実現すればこそです。それを実現するのがDXです。

では、あなたは、どんな社会が望みですか？　ここで描かれたような未来社会は嫌だという人もいるかもしれません。そういう人には、別の社会の選択肢も用意されるでしょう。デジタルが開く未来には可能性がいっぱいありますが、どんな社会にしたいかは、結局はわたしたちの希望と努力によるのです。どんな未来がいいのか、考えてみましょう。この本が、きっと参考になりますよ。

通信サービスが安定しないと、デジタル社会は実現しない

KDDIで通信障害、そのとき、どうなった？

2022年7月2日、大手通信会社KDDIの通信サービスで大規模な通信障害が発生し、「au」「UQ mobile」「povo」といったKDDIが提供する回線を利用するデータ通信や音声通話がつながりにくくなりました。

KDDIの発表によると、日本全国のエリアで、データ通信で765万人以上、音声通話で約2,278万人に通信障害の影響が出たとのことです。この障害は2022年7月2日1:35～7月4日15:00の計61時間25分にわたって続きました。

通信障害の原因は、通信設備のメンテナンス作業において手順に間違いがあり、約15分間、通信が遮断されたことです。その間につながらなかった利用者が、通信が元に戻った後に一気に利用を再開したことで通信量が急増してしまい、通信量を抑える対応が必要となり、通信がつながりにくい状況となりました。

KDDIグループの携帯電話、スマートフォンが使えなくなった

音声通話はもちろん、データ通信も一切使えなくなったため、auユーザーなどに混乱が広がった。

通話やインターネット接続だけじゃない、さまざまな障害が発生

KDDIの通信障害では、まず、KDDIの回線を利用するスマートフォンなどの端末で通話やインターネットを利用しにくくなりました。119番通報などの緊急の通話もつながりにくくなり、消防車が出動して緊急時は固定電話を使用するよう呼びかけた市もあったほどです。また、インターネットに接続して道路状況などを取得できる機能を持つ「コネクテッドカー」で、ナビが正しく働かないなど、サービスの一部に不具合が生じました。

さらに、KDDIの回線を利用している会社では、コールセンターや社用携帯電話につながりにくくなり、業務に支障が出ました。宅配会社で配達に遅れが生じたところや、銀行で店舗外のATMの8割以上が利用できなくなったところもあります。行政にも影響があり、気象庁の観測システム「アメダス」で一部地点のデータが配信できなくなりました。

個人だけでなく、公共サービスにも大きな被害がおよんだ

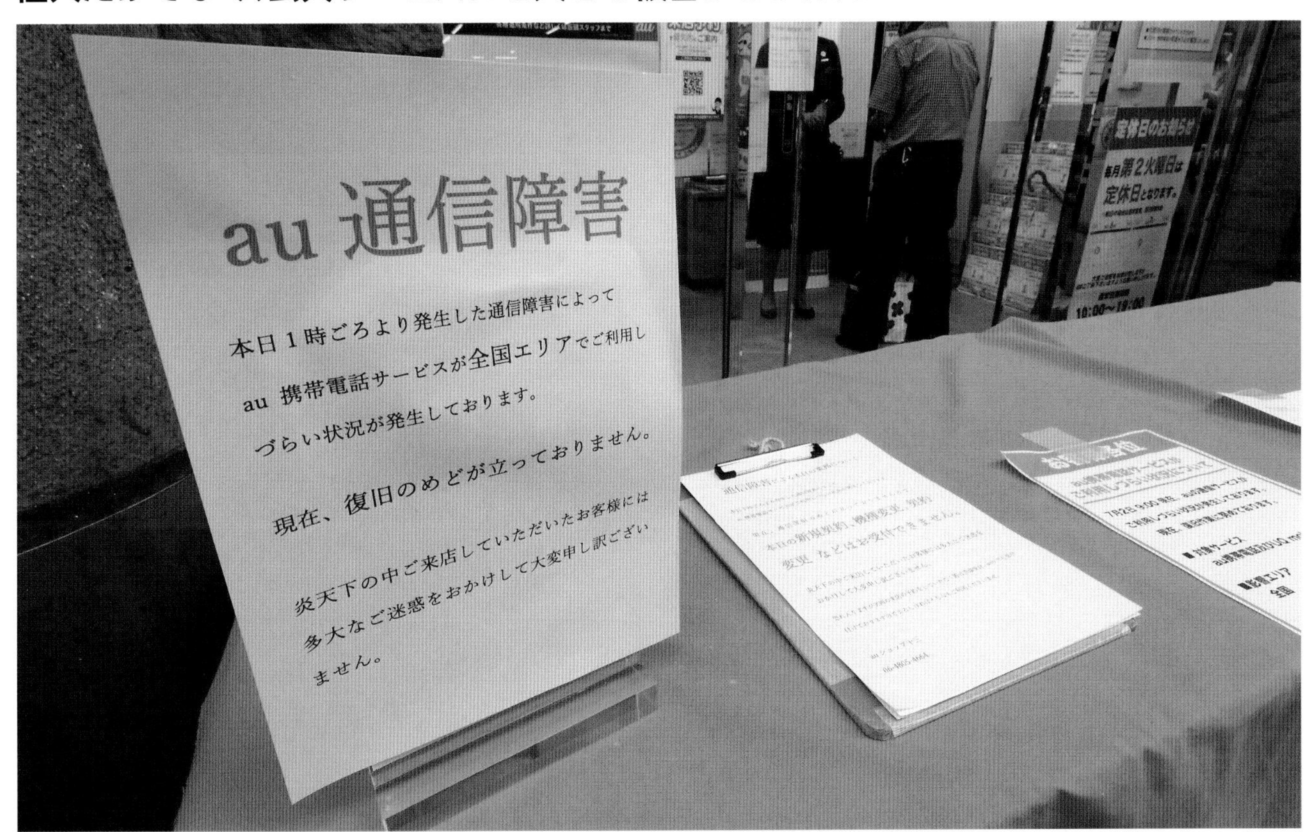

通信障害が起こった当日のauショップの様子。119番通報などの緊急電話も不通になるなどの障害が発生し、気象庁の観測データのやり取りにも支障が生じた。

通信障害による大混乱、どう防ぐ？

電気やガス、上下水道のように、生活に必要不可欠なものを「インフラ」といいますが、デジタル社会における通信ネットワークも、同じくインフラといえます。

通信サービスには、携帯電話などで利用する移動系通信と、建物に回線を引いて利用する固定系通信、固定電話で利用する音声系通信の３種類があります。

総務省が 2022 年に発表した「電気通信サービスの契約数及びシェアに関する四半期データの公表（令和３年〈2021 年〉度第４四半期（３月末））」版によると、移動系通信および固定系通信（代表的な*FTTH という方法）の契約数の割合は、下のグラフのようになっています。

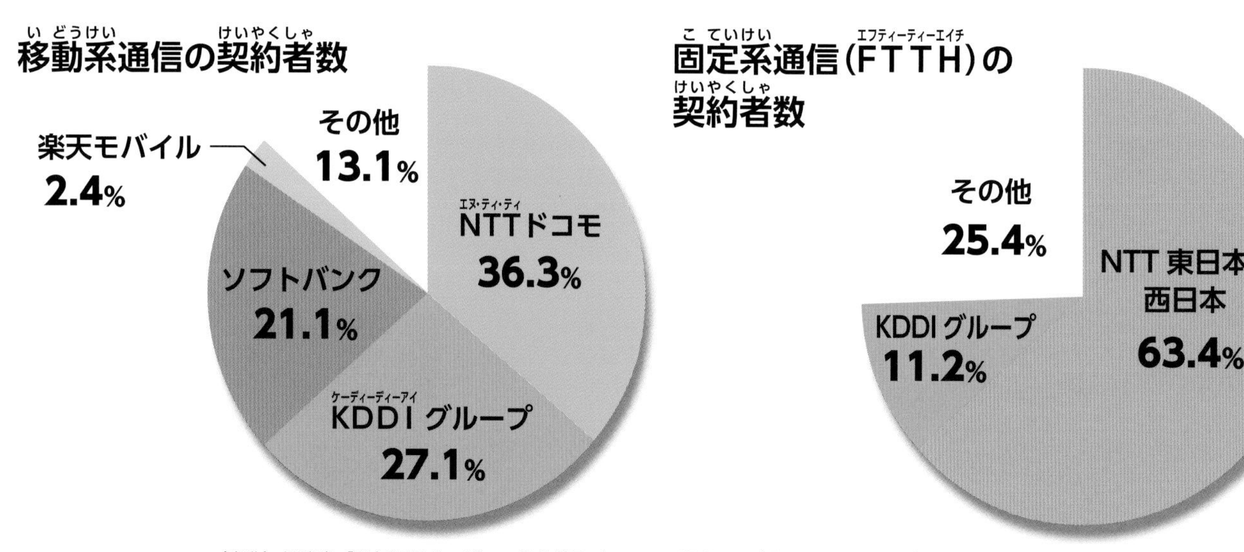

（出典）総務省「電気通信サービスの契約数及びシェアに関する四半期データの公表（令和３年度第４四半期（３月末））」を基に作成

日本の通信サービスは大手通信会社数社が支えており、1社でも不具合が生じると、社会に大きな影響が出ます。デジタル社会では、IoT(→ P11)などのデジタル技術が当たり前になり、社会がより便利に、人々の生活がより良い方向に変化することが期待されます。これを*DX（デジタル・トランスフォーメーション）といいます。

DX が進む社会では、安定した通信サービスがますます重要です。日本のデジタル化を進めるデジタル庁も、DX に力を入れています。デジタル庁をはじめとする政府、そして通信会社が、通信障害を起こさない対策を徹底した上で、行政や医療など通信が絶対に止まってはいけない場所では、複数の通信会社を並行して利用するなど、万が一の対策も必要です。

FTTH･･･Fiber To The Homeの略。光ファイバー（光回線）を利用した家庭向け通信サービスのこと。
DX（デジタル・トランスフォーメーション）･･･デジタル技術などを活用し、人々の生活をより良い方向へ変容させること。

第1章
暮らしのなかの
デジタル

1 操作いらずで、毎日の生活が快適に

手ぶら、顔パスで支払いが完了

社会のデジタル化が進むなかで、現金を使わないキャッシュレス決済の利用が進んでいます。日本のキャッシュレス決済比率は、2021 年時点で 32.5%（経済産業省調べ）。経済産業省では、この比率を 2025 年までに 40% 程度、将来的に世界最高水準の 80% まで上昇させることを目指しています。

キャッシュレス決済には、クレジットカード決済や電子マネー決済、それにスマホ決済などがあります。特にスマホ決済は、スマートフォンひとつでだれでも簡単に利用できる決済方法として注目され、2010 年代半ば以降、新しいサービスが次々と登場しました。このようなお金に関する分野に IT 技術を組み合わせる動きを、「FinTech」といいます。これは、「Finance ＝金融」と「Technology ＝技術」をかけ合わせた造語です。

FinTech により、キャッシュレス決済

顔パスで飛行機にもさくさく乗れる

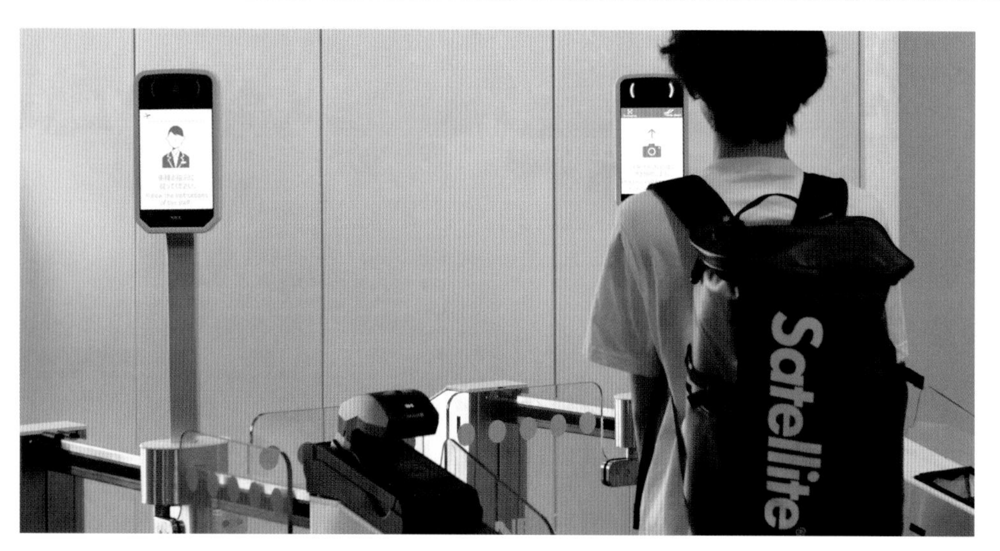

航空会社の ANA では、顔認証技術による新しい搭乗手続きシステム「Face Express」を導入した。あらかじめ顔写真を登録しておくと、搭乗券やパスポートを提示しなくても搭乗手続きが済む。

はさらに進化を続けています。そのひとつが、顔や指紋などを登録済みのデータベースに照らし合わせて個人を特定する生体認証という方法を利用した決済サービスです。決済に生体認証を導入することで、スマートフォンなどの情報端末すら必要なくなります。たとえばタクシーやバスなどを利用する際には、乗り降りするだけで支払いが済み、商店ではお店の出入口を通るだけで支払いが完了するといったことが、当たり前になるかもしれません。

まるで魔法！　わたしに合わせて変化する家

＊IoT (Internet of Things) の進化により家のなかのさまざまな家電がインターネットにつながり、スマートスピーカーや専用のアプリでコントロールできるようになっています。

これらの技術がさらに進化すると、一つひとつの家電をアプリでコントロールするだけでなく、家のなかのさまざまな場所に設置したカメラやセンサーにより、生活する人の表情や行動などのデータを取得して心理状態や健康状態などを分析し、空調や照明、音楽や映像など家全体が最適な環境になるように自動的にコントロールできるようになるかもしれません。たとえば、その人の表情や行動から、「緊張状態にある」と＊AI（人工知能）が判断すると、落ち着く明るさに照明を変えたり、リラックスできる音楽を流したりといったことを自動でできるようになるのです。

このように、センサーでデータを取得し、分析する技術を「センシング技術」といいます。センシング技術は、ベッドやお風呂、トイレなどでの活用も期待されています。たとえば、これらの場所で、日々の体の状態の変化について詳しいデータを取得し、オンラインで医療機関と共有できれば、健康チェックや病気の予防などに役立ちます。

また、2022 年時点では、映像を映したり音楽を流したりするにはそのための機器が必要ですが、2020 年代後半には、ディスプレイとしても機能する高機能性ガラスによって、一見普通のガラスに見えるところに映像を映したり、インターネットに接続して情報を取得できたりするようになるでしょう。さらに 2030 年以降になると、布製のタッチパネルなどが登場し、ソファに座りながらそのまま家電をコントロールするなど、家中のあらゆる場所、あらゆるものをネットワークにつなげることができるようになる可能性があります。

IoT(Internet of Things)･･･パソコン以外のさまざまな「モノ」をインターネット接続できるようにして、活用する仕組み。
AI(人工知能)･･･さまざまな情報を収集して自分で学習し、人間のように複雑な作業をコンピューターができるように作られたソフトウェア。

2 自動運転で移動時間が自由な時間に

自動運転はどこまで実現する？

デジタル技術の進化により、移動手段にも変化が見られます。特に、人に代わってシステムが車を運転する自動運転システムは、社会のデジタル化において注目の技術です。

日本では、自動運転は、次ページの表のように5つのレベルに分けて考えられています。

自動運転のレベル分けについては、アメリカなどでも独自の定義づけがなされるなど、国によって多少のバラツキはあります。ただ、どの国でも最終レベルの自動運転は、「つねに、システムが運転をする」状態としています。

2022年時点では、レベル3までの技術を利用できる自動車がすでに販売されています。レベル4の技術を利用できる車も、一般化はされていないものの、さまざまなテストが行われていて、政府（国土交通省）は2025年頃までの高速道路での完全自動運転の実現を目指しています。マイカー以外にもバスなどの運転自動化の試みもあり、限定された区域で運行する無人自動運転サービスが、いくつかの地域やイベントで試験的に運行されています。

ハンドルも不要に？車の役割の変化

運転自動化では、車にセンサーやカメラを設置して、周辺の道路や車の状況などさまざまなデータをつねに読み取り、インターネットに接続して情報を大量かつ高速で通信する必要があります。

2020年3月、移動しながら高速・大容量のデータ通信ができる* 5G（第5世代移動通信システム）が日本でも一般利用できるようになりました。今後、5Gが

5G（第5世代移動通信システム）･･･「G」は「Generation ＝世代」。より高速･大容量のデータ通信が可能になる。

普及すれば、運転自動化をはじめとして車はより進化するでしょう。

大容量・高速のデータ通信ができる環境が整い、運転自動化がレベル４から５へ進むと、車は単なる移動手段ではなく、移動しながら仕事や勉強、趣味などさまざまなことができる空間になります。

人が運転する必要がなければ、現在のような運転席がなくなり、車内をもっと自由にデザインでき、車の形も変化しそうです。たとえば、車内が会議室のようになっていて、移動しながらオフィスにいるかのようにオンライン会議に参加できる車、音楽スタジオのような設備を備えて車内で楽器の演奏や配信などを行える車、映画館のような設備を備えた車など、さまざまな車の形が考えられます。

また、顔や指紋などにより個人を特定する生体認証を利用して、車の所有者やレンタカー・カーシェアリングの利用者を特定することで、車の鍵がなくても利用できるようになります。

生体情報から利用者の健康状態をチェックすることも可能です。それらの情報や過去の利用データなどを解析して、一人ひとりの好みやそのときの状態に合う映像や音楽、情報を流すなど、車にできることが広がっていきます。

自動運転レベル

システムによる監視が中心	**レベル５**	つねに、システムがすべての運転操作を行うことができる。
	レベル４	特定条件下においては、すべての運転操作をシステムが自動で行うことができる。
	レベル３	システムが、すべての運転操作を行えるが、システムの介入要求（人による運転を求められた場合）に対しては、ドライバーが適切に対応することが必要になる。
ドライバー（人）による監視が中心	**レベル２**	特定条件下で、レベル１で取り上げられるような運転支援機能を２つ以上組み合わせて、運転操作を支援してくれる。
	レベル１	自動で止まったり、前を走るクルマについて走ったり、車線からはみ出さずに走るなど、運転操作のひとつを支援してくれる。

（出典）国土交通省「自動運転のレベル分けについて」を基に作成

3 だれもがらくらく交通サービスを利用できる社会へ

未来の移動手段 MaaSとは？

自動車以外の移動手段にも、デジタル化による進化が見られます。そのなかで政府（国土交通省）が取り組んでいるのが「MaaS」です。

MaaSは「Mobility as a Service（モビリティ・アズ・ア・サービス）」の略で、直訳すると「サービスとしての移動」です。新しい移動の考え方で、一人ひとりの目的や希望に応じて複数の移動サービスを組み合わせ、ひとつのサービスを利用するように検索・予約・決済をまとめて行えるというものです。

「自宅から病院まで行きたい」というときに、タクシーで行くか、バスで行くかを自分で考えるのではなく、MaaSのサービスにアクセスすることで「今の時間なら、バスで駅まで行き、そこから電車で次の駅へ、そして最後はタクシーで病院まで行きます」という、自動で組み立てた最適な交通手段の組み合わせと経路をMaaSに教えてもらうことができます。「決定ボタン」を押すだけで、バス・電車の決済やタクシーの手配も済んでしまいます。タクシーという移動サービスでなく、バスという移動サービスでもない。「自宅から病院までの移動」というサービス、それがMaaSです。

これを実現するためには、バスや電車の経路や時刻表、所要時間、タクシーの情報や、道路状況の情報、地図情報など、移動に関するさまざまなデータが必要です。そうした膨大なデータを蓄積し、AIを活用するなどして最適な交通サービスを導き出すのです。

MaaSの発祥は、フィンランドのMaaS Global社だといわれます。この会社の「Whim」というサービスでは、利用者が行きたい目的地を設定すると、対象地域内にあるさまざまな移動サービスのなかから、最適な移動方法が自動で提案され、予約や決済までも、いっぺんに行うことができるのです。

社会、地域の課題解決につながる？

MaaSは、社会全体の課題解決につながる可能性もあります。たとえば、MaaSのための膨大な交通データを基にトラックを自動運転で動かすことにより、物流が効率化され、人手不足や配達の遅れを解決できます。また、救急車などの緊急車両の運用にMaaSのデータを活用することで、もっとも早いルートを確保でき、救助や医療をより早く届けられます。

あるいは、少子高齢化・人口減少が進む地域では、鉄道が廃線になるなど公共交通サービスの提供が少なくなり、マイカーがないと気軽に移動できない状況があります。そこで、超小型モビリティやシェアリングカー、自動運転の無人タクシーなどの新しい移動手段が開発されれば、MaaSに組み入れることで、必要な人に対して必要なときだけ効率的に移動手段を提供できる可能性があります。

また、観光においても、宿や地域のおすすめスポット、商店などのデータを連携することで、観光客一人ひとりに合わせた観光プランを移動手段とともに提案できます。MaaSにより地域の魅力を発信しやすくなり、観光で地域を盛り上げることもできるかもしれません。

MaaSが実現すると、利用者の移動は、より便利になる

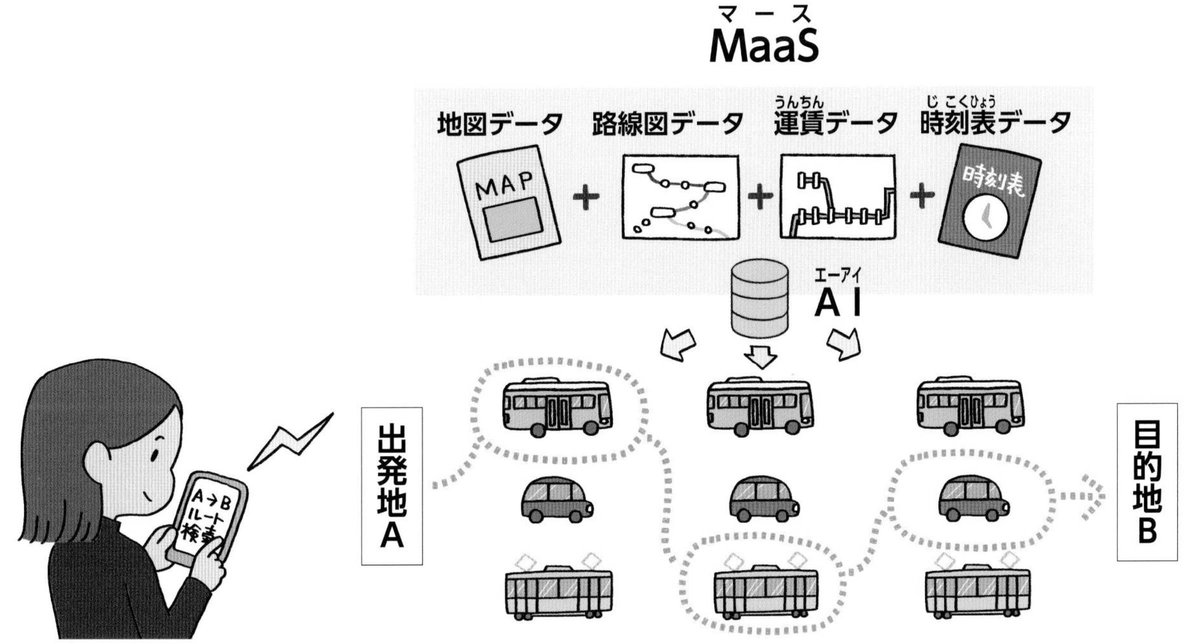

MaaS
地図データ 路線図データ 運賃データ 時刻表データ
MAP
時刻表
AI
A→B ルート検索
出発地A
目的地B

スマホやパソコンで目的地を設定すると、MaaSのシステムが、利用できる交通手段や経路・所要時間・時刻表などのデータをAIで解析し、最適な組み合わせを提案してくれる。必要に応じて予約や決済も自動で済ませられる。

コラム

デジタル社会を支える技術

◎ ビッグデータとAIの活用

生体認証によるキャッシュレス決済に必要な指紋などの情報、センシング技術により取得される健康に関する生体情報、MaaSに必要な道路や鉄道路線などの情報、タクシー・バスなどの移動サービス情報や、周辺施設に関する情報など、デジタル社会ではさまざまな種類の膨大なデータが必要です。

このような、さまざまな種類の膨大なデータのことを「ビッグデータ」と呼びます。社会のデジタル化を進めるには、ビッグデータの活用がカギになります。

ビッグデータを活用するには、関連するデータを連携して利用できるように、ひとつにまとめて保管することと、AIによる解析を行い、必要なデータを必要なタイミングで提供できる状態にすることが必要です。

データの連携は民間企業だけで進めることは難しいため、国や地方自治体が主導する形となっています。また、AIに関する専門知識を持つ人材の育成も急がれています。日本のデジタル化のために2021年9月に設立されたデジタル庁も、関係省庁と協力しながら、こういったビッグデータの活用について積極的な取り組みを始めているのです。

さまざまなデータを連携

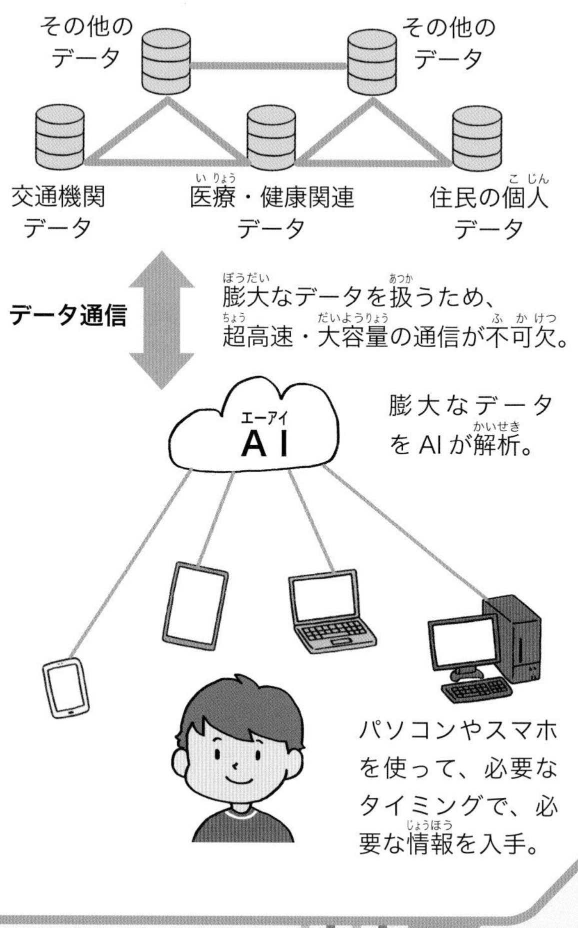

その他のデータ
その他のデータ
交通機関データ
医療・健康関連データ
住民の個人データ
データ通信
膨大なデータを扱うため、超高速・大容量の通信が不可欠。
AI
膨大なデータをAIが解析。
パソコンやスマホを使って、必要なタイミングで、必要な情報を入手。

第2章 食を育むデジタル

「スマート農業」が田畑を変える

スマート農業って、何？

わたしたちが日々口にする米や野菜や果物。これらを育てる日本の農業では、人手不足が大きな問題となっています。政府(農林水産省)の発表によると、1990年に約293万人だった農業を仕事とする人(農業従事者)は、2020年には約136万人にまで減っています。また、農業従事者の高齢化も進んでおり、2020年の平均年齢は67.8歳です。この状況を改善するには、新しく農業を始める若い世代が必要です。

しかし農業には、時間がかかる作業、危険な作業やきつい手作業、経験がないと難しい作業などが多く、今のままでは新しく人を集めるのが難しい状況です。

この状況を改善する方法として注目されているのが、農業にロボット技術や* ICT技術を活用する「スマート農業」です。

農業機械も自動で運転

スマート農業では、トラクターなど農作業に使用するさまざまな農業機械の運転自動化が進められます。

これにより、農作業にかかる時間が効率化されて短くなり、それまでと同じ作業時間でより多くの作業を行うことができるようになります。それによって、収穫量を増やすことや品質の向上などに力を入れることができます。

人がその場で監視することを前提とした自動運転の農業機械は、2010年代後半からすでに一般向けに販売されています。そして今後は、人がその場にいない状況でも、遠隔の監視で問題なく自動運転できる農業機械が一般化するでしょう。自宅にいながらにして、遠く離れた場所の耕作地などでの農作業ができるので、さらに効率が高まります。

ICT…Information and Communication Technology(インフォメーション・アンド・コミュニケーション・テクノロジー)の略。情報通信技術のこと。

遠隔で田畑を管理

スマート農業では、田畑や農業機械に設置したセンサー、あるいはドローンや衛星などからの情報により、離れた場所から田畑や作物の状態を調べる「リモートセンシング」という技術の活用が進められています。

これまでは、田畑の土の状態や作物の生育状況などは、人が実際にその場に行って確認する必要がありましたが、リモートセンシングを使うことで、人の作業を大幅に軽減することが期待されています。

また今後は、リモートセンシングで集めたデータをAIなどで分析し、完全自動で水・肥料の量をコントロールしたり、農業機械とデータ連携して必要なタイミングで自動運転による作業を行うことができるでしょう。さらにはAIにより病気や害虫の発生の予測・予防などができるような技術開発も進められています。

デジタルで技を継承

農業に必要な技術は、これまでは経験しながら身につけるしかなく、安定して作物を栽培できるようになるまでには、技術習得の時間が必要でした。

しかし今日では、メガネ型のデジタル機器「スマートグラス」などのデジタル技術を活用することで、より簡単にベテランの技を学べる可能性が出てきています。

スマートグラスを使って、みんながベテランから学べる

2 「スマート漁業」で海を守り、魚を育てる

スマート漁業って何？

ICTを活用した漁業を「スマート漁業」または「スマート水産業」と呼びます。

日本では、魚をとる量および養殖する量（漁業生産量）が1984年以降、減少傾向にあります。2017年度の「水産白書」によれば、世界の漁業生産量は、過去30年間で約2倍に増えているのに対して、日本はほぼ半減したと報告されています。その原因としては、環境の変化や、周辺の国々との取り決めにより魚をとる場所や量に制限が設けられたことなどが挙げられます。スマート漁業は、そんな状況下で、減少傾向にある漁業生産量を増やす方法として期待されています。

政府（水産庁）では、2027年までにスマート水産業により、海の生き物や海洋環境を守りながら、同時に水産業を成長させる、次世代の水産業の実現を目指しているのです。

魚群をセンサーで発見

漁業では昔から、「魚群探知機」という、船から超音波（音の波）を海中に発してその跳ね返りで魚の群れの位置を調べる機械が使われてきました。これはもともとアナログな仕組みですが、データをデジタル化する技術が進んだことで、よりはっきりとした画像になり、今では魚の種類を判断できるなど、高機能化が進んでいます。

さらに、海上に浮かべたブイや海中に仕掛ける網、漁に出ている船などにカメラやセンサーを設置して、水の温度や成分、潮の流れといった海の状況や魚の動きなどのデータを取得して解析する技術の開発も進められています。

衛星が観測する気象情報や予測をインターネット経由で利用できる技術などは、すでに一般向けサービスとして活用されています。これらの技術を活用し、データ解析に基づく漁が当たり前になれば、漁に出るべきタイミングや魚の群れの場所など、かつては経験と知恵に頼るしかなかったことを、科学的に、より正確に判断できるようになるでしょう。

ドローンで魚を追跡

スマート漁業では、ドローン活用も進められています。たとえばドローンによって、魚の群れの探索や、海面の変化の調査が可能です。

また、「水中ドローン」と呼ばれる、遠隔操作で水中を撮影できるカメラロボットの活用も進められています。人が潜るかわりに水中ドローンを使うことで、人の体への負担も作業時間も減らすことができます。

今後、撮影以外にも水中のさまざまなデータを取得したり、魚を真似た見た目と動きの魚型ロボットが魚の群れにまぎれてその生態を調査したりするなど、さらなる活用が期待され、そのための技術開発が進められています。

「養殖の敵」の動きを予測

魚を育てる養殖の分野でも、スマート漁業による課題解決が期待されます。

養殖の大きな課題は、水の汚れや水温の上昇によりプランクトンが大量発生して海水が赤くなる「赤潮」です。赤潮が発生すると、育てている魚が死んでしまいます。そこで、海洋ビッグデータのAI解析により、赤潮の発生を予測して、事前に対策を行う試みが進められています。

また、魚を育てる生け簀の設備とさまざまなデータを連携させて、網の掃除やえさやりなどを自動化する技術も開発が進められており、養殖にかかる人手や時間を減らすことも可能になっています。

赤潮の発生も、AI解析で予測可能になる

赤潮を予測できない

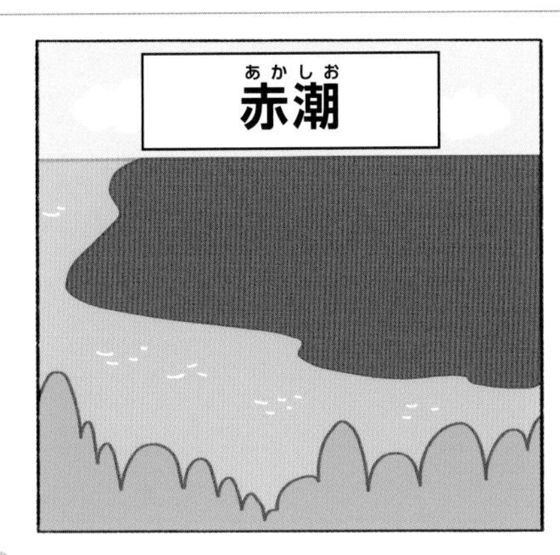

予測ができ、対策ができる

3 データで動物を健康に育てる「スマート畜産」

スマート畜産って何？

わたしたちが日頃食べている肉、卵、牛乳などを生産しているのが、牛や豚、鶏などを育てる畜産業です。畜産業においても、ICT を導入する「スマート畜産」が進められています。

スマート畜産は、政府（農林水産省）が進めるスマート農業の取り組みの一部として扱われています。農業と同様に、畜産業でも働く人の減少と高齢化が問題となっています。スマート畜産がその解決策となり得るのも農業と同様です。

牛や豚の快適な住まいをつくる

牛や豚、鶏などの動物たちが健康に育つために、その住まいである「畜舎」は、温度や空気などをつねに快適に保つ必要があります。このように畜舎の環境を保つために、舎内に設置したカメラやセンサーで温度や空気の成分を測定して、それらのデータに基づいて換気口の開閉などを自動で行い、空気の流れを調整できるシステムが開発されています。また、舎内の動物たちの状態や動きなども測定して、舎内の場所によって細かく調整を行うこともできます。

これらのシステムは、海外ではすでに実用化されていますが、日本ではまだあまり導入されていません。

ロボットが大活躍する畜産業の未来

スマート畜産では、さまざまなロボットが活躍します。えさやりや給水、舎内の掃除などを自動で行うロボットは、すでに実用化されています。

牛乳を出荷する養牛においては、乳を搾る搾乳ロボットの導入が進んでいます。

最近では、搾乳の機能に加え、さらなる機能の開発も進められています。たとえば、牛の体温や体重、成長や行動などの生体情報を同時に収集して牛の健康管理に役立てたり、搾乳した乳の量や成分からも牛の健康状態を確認したりもできます。さらに、搾乳の際に収集したデータとえさやりロボットを連携して、牛ごとにえさの量を自動調整する技術なども研究が進められています。

アプリを使って、放牧牛を管理する

屋外で牛を育てる放牧では、「バーチャルフェンス」というシステムの開発が進み、実用化が期待されています。このシステムでは、GPSセンサーを牛につけて、専用アプリで牛の位置情報を確認しながら、音と振動で牛を誘導します。アプリ上で牛が行動してよい範囲を設定することで、柵などを使わずにセンサーで牛を誘導することが可能になります。

生体情報を世話に活用

スマート畜産では、動物たちの生体情報の収集が重要です。牛を育てる養牛では、牛の首に付けたセンサーで牛の行動を記録して、AI解析により異常時にすぐに確認できる技術が実用化されています。養豚では、音声や画像などから病気を発見する技術の開発が進められています。養鶏では、舎内のカメラから鶏の群れの活動を記録して、管理に反映させるというシステムがすでに実用化され、活用されています。

スマート畜産では、今よりもさらに細かく動物たちの生体情報を集め、インターネットを通じて管理することで、離れていても動物たちの健康状態を確認できるようになります。また、それらの情報をさまざまな自動運転ロボットと連携できれば、離れていても動物たちの世話をすることができ、畜産業に必要な作業時間や人手を減らせるはずです。

畜産用ロボットは、もうある?!

牛が、えさを食べやすいように、自動でえさ寄せ作業をするロボット。

「いただきます」も思いのまま・自分好みに

ロボットスタッフが活躍する食の現場

2020年頃からの新型コロナウイルス感染拡大のなかで、人同士の接触を少なくするために、支払いや料理の配膳にロボットを導入する飲食店が増えています。

また、弁当や総菜などをつくる食品工場では、食品の盛り付けなどで人間と同じ複雑な動作ができるロボットの導入が進みつつあります。もともとは決められた単純作業にロボットを利用することが考えられていましたが、これらのロボットにAIを導入することで、決まった動作を行うだけでなく現場での経験を基に学習を重ね、その場により適した動きができるように改良が進んでいます。

また、家庭や飲食店での調理を担当できるロボットの開発も進められています。有名なシェフがつくる料理を家庭で再現できるAIロボットシェフの実用化も近いといわれています。

「何を食べよう？」にAIが答えてくれる

「今日は何を食べよう？」、そんな悩みに答えてくれる、一人ひとりの好みや健康状態に応じたレシピを提案するAIのサービスがすでに登場しています。

さらに技術が進めば、冷蔵庫にある食品や賞味期限のデータ、近所のスーパーのおすすめ商品データ、近所の飲食店と料理レシピのデータなどを連携して、おすすめのレシピや飲食店などを提案できるようになるかもしれません。

また、レシピを考案するAIと調理を行うAIロボットシェフを組み合わせ、レシピづくりから調理まで全自動で対応してくれる飲食店が登場する可能性もあります。

将来的には、お客さんが口頭で、その日の体調や気分、好みなどを伝えると、その内容に応じた料理を提供する飲食店なども出てくるでしょう。

食べ物の形が自由自在 3Dフードプリンター

新しい食の技術として注目されているのが、「3Dフードプリンター」です。

3Dフードプリンターは、ペースト状にした食品を絞り出し、さまざまな形をつくることができる機械です。非常に細かな細工もでき、ペーストにする食材やそこに入れる成分により、栄養バランスや色、香り、食感なども簡単に調整することができます。

3Dフードプリンターの技術を活用すれば、登録したデータに応じて一人ひとりの健康状態や好みに合った食事を簡単につくれるようになります。ペースト状になっていて柔らかさを調整できるので、噛む力が弱まっている高齢者向けの介護食などに役立つ技術としても注目されています。

AR・VRで現実を超える食事体験

デジタルな空間に入り込める「VR（→ P38）」や、現実の空間にデジタルな空間を組み合わせる「AR（→ P38）」、立体物にCGを映し出す「*プロジェクションマッピング」などの技術を食事の提供に取り入れることで、これまでにない食事の体験ができるようになるかもしれません。

たとえば、魚料理を提供するときに海の映像を流すなどの演出を行うプロジェクションマッピング、スマートフォンや専用アプリで現実の空間に映像を重ねてメニューとともに食事がそこにあるかのように表示できるAR技術などが開発されています。スマホの画面だけではサイズが分からなくても、現実空間に表示することで大きさなどを確認できます。

レストランなどに配膳ロボットが導入されている

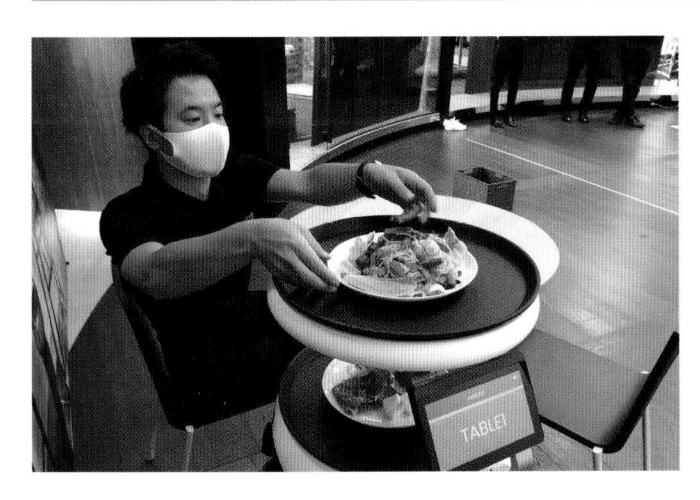

店員に代わって料理や飲み物を運ぶ配膳ロボットが、コロナ禍の影響もあり増えている。

プロジェクションマッピング・・・映写機器などを用いて、立体物にCGなどの映像を投影する技術。

コラム

スマート化を進める新たな通信方法

◎ ローカル5Gとは？

スマート農業において、農業機械の運転自動化やカメラやセンサー、ドローンなどを活用するには、高速・大容量の通信が可能なネットワークが必要です。そこで、デジタル庁や総務省などデジタルに関わる国の組織が導入を進めているのが、「ローカル 5G」です。

5Gは、移動しながら高速・大容量のデータ通信ができるシステムで、携帯電話会社が全国規模で提供するサービスですが、ローカル5Gは自治体や企業などが自分たちの敷地や建物など特定のエリアで整備・活用できる5Gネットワークです。ローカル5Gを導入することで、スマート農業をより進めることができます。

◎ 水中では電波が使えない？

陸上では当たり前に使える電波ですが、水中では電波がとても届きにくくなります。そのため、水中でセンサーやカメラ、ドローンなどと通信を行うには、ケーブルなどの有線回線を使うか、音波による通信が行われていました。しかし、有線では動ける範囲が限定され、音波では通信速度が遅く、大容量データの扱いが難しいことなどが問題でした。

それを解決したのが、海洋研究開発機構（JAMSTEC）と島津製作所、エス・エー・エス社が共同で開発した、光無線通信による通信方法です。これにより、容量の大きいデータを水中でも高速で、しかも無線で通信でき、水中のセンサーやカメラ、あるいはドローンからのデータをリアルタイムに海上で受け取れるようになるため、スマート漁業などでの活用にも期待が高まっています。

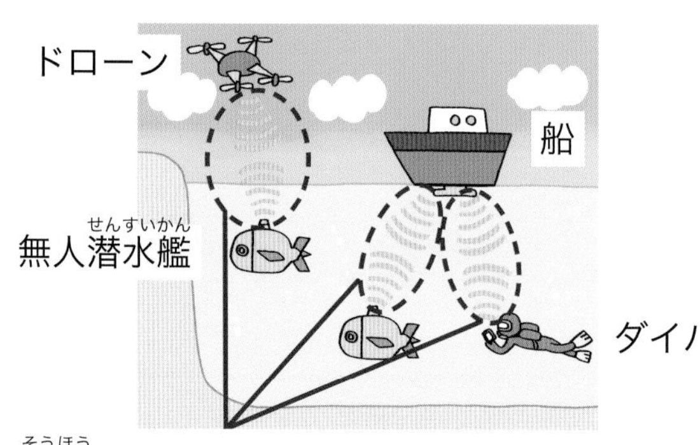

双方から光無線信号を出しあうことで、送信・受信が可能になる。

第3章
健康を支える
デジタル

いつでもどこでも健康チェック

生活しているだけで健康状態が分かる

デジタル技術の進化は、生活を便利にするだけでなく、わたしたちの健康にも、多くのメリットを提供してくれます。

健康を保つ上で大切なことは、定期的に健康状態を調べて、いつもの状態を知っておき、異常が起きそうなときは早めに対策をとることです。

健康状態を調べる方法は、体温測定や血圧測定のような簡単な検査から、病院で専用の機器を使う検査までさまざまですが、いずれにせよ、実際に検査を行う必要があります。しかし、デジタル技術の進化により、いつも通り生活しているだけで心身の状態を測定できるようになりつつあります。

スマートウォッチに代表される、身につけることで利用者の情報を取得できるデジタル機器「*ウェアラブルデバイス」が、それを可能にしています。スマートウォッチは、腕につけるだけで体温や心拍数、心電図、運動量、睡眠の状態などを測定して記録することができます。このような技術を「生体情報センシング」といいます。

今日では、この生体情報センシングの活用が衣類でも進んでおり、センサーを取りつけた「スマートウェア」と呼ばれる衣類が販売されています。

今後は、繊維や生地そのもので生体情報を測定・記録できるような衣類が開発されることでしょう。すでにそのための研究は進められているのです。

そうした機能を持った衣類が当たり前に販売されるようになれば、普通に服を着ているだけで心身の状態をつねに測定・記録できるようになります。また、衣類が吸収した汗の成分から健康状態をチェックするなど、測定できるデータの範囲も広がっていく可能性があるのです。こうしたセンシング技術が進めば、寝ている間に健康診断ができるようになるでしょう。

ウェアラブルデバイス…腕や手首あるいは頭などにつけたり、洋服のように着たりして、体に装着することのできるコンピューター端末。

健康に関するデータをひとつにまとめて活用

生体情報センシングの技術が進み、これらのデータを連携してAIによる分析ができるようになれば、心身の状態がいつもと違うときに、AIによって注意が促され、その状態を改善するためのアドバイスを得られるといったことも実現するかもしれません。

これが当たり前になれば、多くの病気を未然に防ぐことが可能になるでしょう。

また、万が一病気や怪我で治療が必要になったときも、日々の行動や健康状態のデータを*クラウドで管理しておけば、医師がインターネット経由ですぐに正確な状況を把握することができ、最適な治療を判断しやすくなります。

自宅で検査スマホでチェック

また、健康状態に何か気になることがあるとき、今は医療機関で行っているような検査の一部を、将来的には自宅で行ってインターネット上で結果を確認できるようになるかもしれません。すでに、在宅でできる血液検査サービスなどは実現しています。血液の他に唾液や息などからも、さまざまな病気を発見できる技術の開発が進められています。

それらの技術とデジタル技術を組み合わせて、将来的には、血液や唾液、息などをスマホのセンサーで測定するとそれをAIが診断して、インターネット上ですぐに結果を知ることができる仕組みの実現が目指されています。

スマートウェアを着るだけで、さまざまな体の情報が分かる

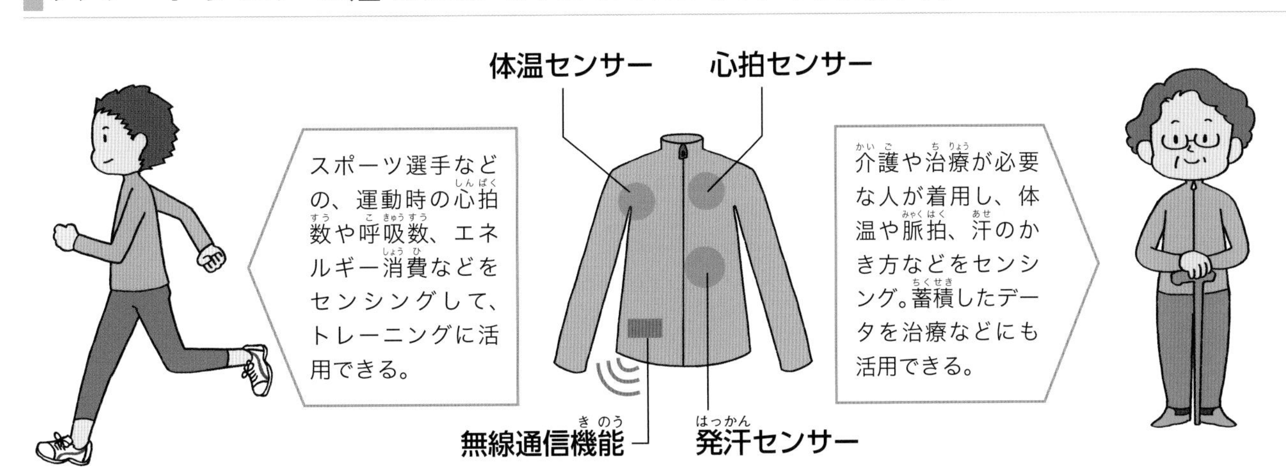

さまざまなセンサーを組み込み、無線通信機能により、スマホやパソコンなどにリアルタイムで、データ送信ができる。

クラウド・・・「クラウド・コンピューティング」の略称として使われる。パソコン自体にソフトウェアやデータを持たず、インターネット経由で使いたいときに利用する形態のこと。

2 離れていても診察・手術が可能に

オンライン診療の利用が増えている

新型コロナウイルス感染拡大の影響もあり、2020年頃から、自宅にいながらスマートフォンやパソコンでインターネットに接続して医師の診察を受ける「オンライン診療」の利用が増えています。ただし、患者を直接診察しないと判断できないことも多いため、現時点ではできることは限られています。

しかし将来、生体情報センシングで集めた患者の日頃の健康状態や行動についてのデータと、そのAI解析の結果を医師に提供できるようになれば、オンライン診療で判断できることが今より大きく広がるはずです。

さらに、未来の医療で注目されるのが、データを基に現実世界のものや出来事をデジタル空間にCGやVR、ホログラムなどで再現する「*デジタルツイン」です。

生体情報センシングとデジタルツインを合わせれば、離れた場所にいる患者をデジタル空間に再現して、より対面に近い状況でオンライン診療を行うことができます。また、病状などのAI解析により治療のシミュレーションを行うことも可能です。デジタルツインで患者の一部の情報を再現する技術はすでに存在しており、医療現場での実用化が期待されます。

ロボットを使って遠隔手術もできる？

医師による診察だけでなく、手術も遠隔で行うことができる技術の開発が進んでいます。それを可能にするのが、医療用ロボットです。

ロボットを使った手術では、ロボットのアームにカメラや手術器具を装着して、医師は撮影された映像を見ながらコントローラーでロボットのアームを操作しま

デジタルツイン…ツインは双子のこと。現実世界にある物や人から収集したデータを使って、その物や人をコンピューター上で再現する技術。まるで双子であるかのようにデジタル上に再現できることから、デジタルツインと呼ぶ。

す。ロボットを使うことで、手術する部位をカメラで拡大して確認できる、手ぶれが伝わらないようにできる、より細かい動きを調整できるなど、手術がより正確になり、患者の負担も小さくなります。

手術を行う医療用ロボットはすでに実用化されています。さらに現在は、映像で見るだけでなく触感も再現する技術や、カメラを動かしたり手術する部位以外の組織を持ち上げたりする助手の働きができるロボットの開発が進められています。

また、現時点の手術でのロボット活用は、患者と医師が近い場所にいますが、距離があっても映像や手術器具の動きに遅れが出ないようロボットとの通信の技術が整備されれば、アメリカにいる医師が日本にいる患者を手術するといったことも可能になります。

飲んだ薬が体外と通信する

薬を飲んだかどうか管理したり、胃や腸などの消化器官を検査したりする方法として、体外と通信できる薬の開発も進められています。

たとえば、薬に無線ICチップを貼り付けておくことで、体内から信号が発信され、薬を飲んでいることを確認できる技術がすでに開発されています。また、消化器官内の出血に反応する成分と、体外と通信するセンサーを組み合わせたカプセルの開発なども進んでいます。このような技術の進化により、医療現場の仕事を効率化しながら患者の負担も減らすことができるようになるでしょう。

多くの“腕”を持ち、繊細な動きが可能な手術ロボットが実用化されている

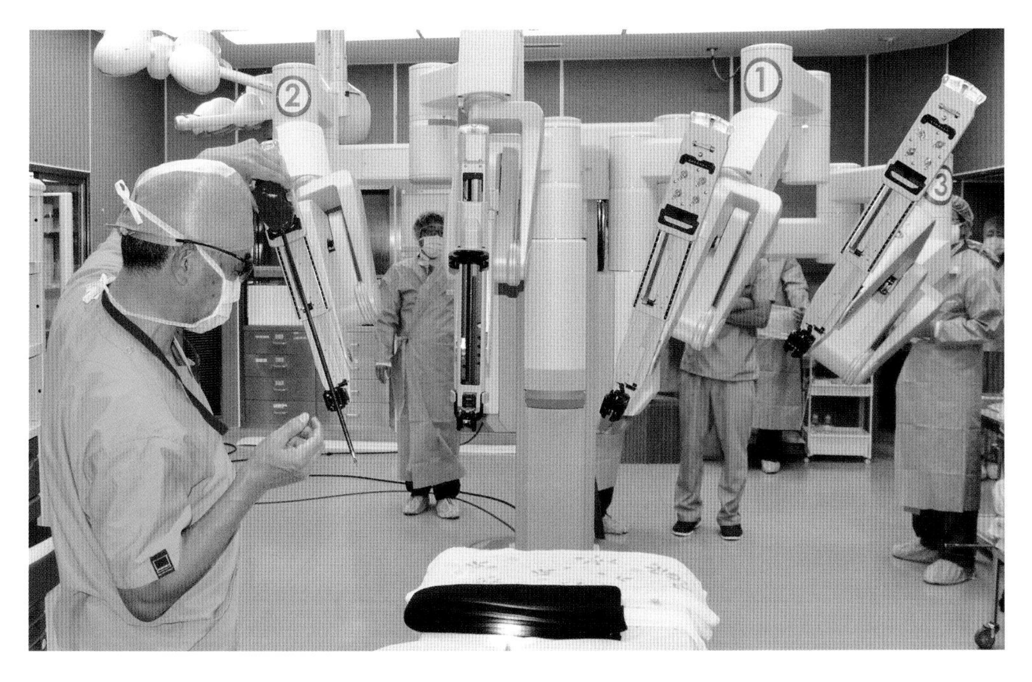

手術する患者への負担を軽減できる、ロボット支援手術では、外科医の操作に従って内視鏡・メス・鉗子を動かして手術を行える。

3 五感をデジタルで再現する

人体の仕組みを デジタルに置き換える

健康や医療の分野において、デジタル技術の活用が進むなかで、脳や五感（視覚・聴覚・触覚・嗅覚・味覚）がどのように情報を受け取り、伝達しているのかを分析して、それをデジタルで再現あるいは補う研究が進められています。

実用化されれば、年齢により体の働きが低下した人や、病気や怪我で体の機能を損傷した人の他、障がいのある人などが生活のなかで不便に感じていることを助けられます。より多くの人がより生活しやすい社会になるはずです。

脳の働きについては、脳波や脳の血流など、脳の活動を計測する技術の研究が盛んです。たとえば大阪大学では、額に貼るだけで脳波を詳細に測定できるセンサーを開発、脳波を使ってロボットを動かす実験にも成功しています。

また、五感のなかでも聴覚については、補聴器や人工内耳など、かなり研究が進んでいる分野だといえます。最近では、聴覚を補うことに加え、健康状態の測定やリアルタイム翻訳なども行える多機能な補聴器が、アメリカのメーカーにより開発されています。

また、視覚については、失った視力の一部を回復することにアメリカで成功しています。この試みは、眼球の奥の網膜に電極を埋め込み、メガネに取り付けたカメラで撮影した映像情報を無線送信して、脳に視覚情報として伝えるというものです。この技術がさらに進めば、メガネなどを身につけるだけで失った視力を補えるようになる可能性もあります。

聴力を補助し、翻訳機にもなる補聴器

街での生活を助けるスーツケース

障がいのある人が街なかを歩くときに必要なさまざまな行動を、デジタル技術で助ける例もあります。

たとえば、一般社団法人次世代移動支援技術開発コンソーシアムが開発を進める、視覚障がい者向けのナビゲーションロボット「AI スーツケース」があります。

これはスーツケース型の移動ロボットで、カメラと各種センサーを搭載しており、音声による道案内や周辺情報の通知、障害物の回避などを行います。移動だけでなく、街での買い物を支援する音声対話機能や、知人を認識した上で話しかけても問題ない状況かどうか判断してコミュニケーションを支援する機能、さらには、行列に並ぶ機能など社会のなかでよくある行動を支援するさまざまな機能を備えています。

デジタル技術を活用した機器やサービスは、それらに詳しい人だけでなく、デジタルに慣れていない人、高齢者や障がいのある人でも簡単に利用でき、ほしい情報にたどりつけることが重要です。これを「*アクセシビリティ」といい、AI スーツケースの開発で重視されている点です。

開発が進められている「AIスーツケース」

自身が開発中の視覚障がい者移動支援用スーツケース型ロボット「AI スーツケース」のデモンストレーションをする日本科学未来館の浅川智恵子館長。

アクセシビリティ…ある機器やサービスなどを利用する際、利用者がそれをスムーズに利用できること。

コラム

医療分野で活躍するAI

◎ まだ見ぬ薬を開発するために

第3章「健康を支えるデジタル」で紹介したように、生体情報やさまざまな検査から得られる膨大なデータをAI解析することで、より早く病気を発見できます。また、AIによるシミュレーションが治療における正確な判断を助けることにもつながります。

そしてさらに、医療分野でのAI活用として注目されているのが、新薬開発です。

薬の開発は一般的に下図のような工程で進められ、ひとつの医薬品が販売にいたるまでには、十数年もかかります。また、数百億円〜数千億円もの開発費用がかかるともいわれています。AIの活用により、この時間と費用を抑えることができるのです。

薬の開発へのAI導入は、まず、工程（**1**）で進められています。医薬関連データをAI解析することで、基礎研究を1年程度に短縮できた事例もあります。また、工程（**2**）や（**3**）について、細胞や人で試験を行う前にAIでシミュレーションを行うことで、試験の回数や期間を短縮できると考えられています。

新薬開発にAIを導入することで、開発期間を4年短縮、業界全体で1.2兆円の開発費削減になるとする研究データもあります。これにより、今ある病気に対する、より効果的な薬の開発や、まだ治療法のない病気に対する新しい薬を開発できる可能性が広がっていくことでしょう。

■ 新薬開発の標準的な工程

1	2	3	4	
基礎研究 2〜3年	非臨床試験 3〜5年	臨床試験（治験） 3〜7年	承認申請と審査 約1年	承認と販売

第4章

デジタルを楽しむ

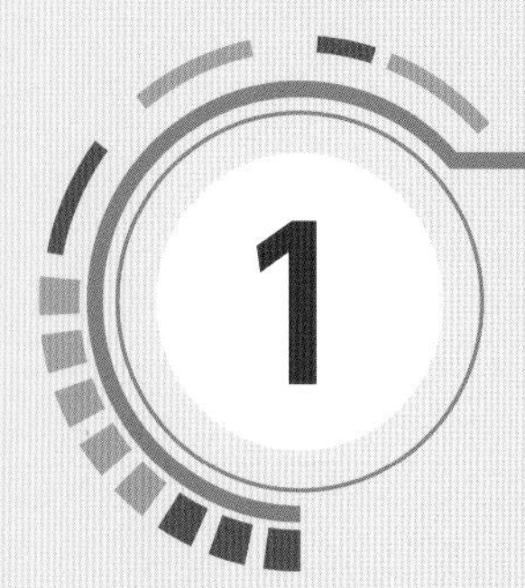

ファッションの意味が変わる

環境に応じて衣服が変化、充電も可能に？

第3章の「1. いつでもどこでも健康チェック」（→ P28）で紹介した通り、スマートウォッチのように身につけられるデジタル機器「ウェアラブルデバイス」の技術が進むなかで、着ている人の心拍や呼吸などを測定する生体情報センシングが可能な衣服「スマートウェア」が開発され、すでに一般販売されています。

さらに今後、生体情報センシングの進化とともに、衣服の素材そのものが進化することで、着ている人や周辺の環境などに応じて衣服の形状が変化したり、体温調整を行ったり、暗い場所で光ったりする「スマートウェア」が実現する可能性があります。

また、衣服と一体化できる超薄型太陽電池の開発も進められています。この技術が実用化すれば、衣服が自ら発電しながらさまざまな機能を作動させることはもちろん、時計型やメガネ型など、その人が身につけているさまざまなウェアラブルデバイスの充電もできるようになることでしょう。

衣服そのものから位置情報を発信したり、緊急時の連絡を行ったりすることも実現できそうです。

また、もっと技術が進めば、一人ひとりの体型や体質に合わせた衣服を簡単に製作できるようになるかもしれません。

アメリカのMinistry of Supply社では、人の体の部位ごとに異なる体温データを細かく測定・分析して、一人ひとりに最適な熱の排出や保湿を行い、また体の動きに応じて、より動きやすく伸縮するニットを3Dプリントでつくるサービスを提供しています。

なお、3Dの製作物が、完成後に形が変化するように製作する技術を*4Dプリンティングといい、この技術も衣服への導入が期待されます。

4Dプリンティング･･･時間や温度、光などの外部環境変化で変形する材料を使用して、時間とともに自動的に変形する立体物を作成する技術。

透明人間にもなれる？ 自由に表現できる衣服

衣服にデジタル技術を導入することで、衣服が多機能化して便利になることに加え、ファッションを楽しむための選択肢も増えます。

すでに実用化されている例では、ファッションショーやイベントなどで、プロジェクションマッピングで衣服に映像を投影し、あたかも衣服そのものに模様があるように見せながら、音楽やパフォーマンスに合わせて次々と映像を変化させるという技術があります。

さらに今後、衣服に使う素材が進化することで、衣服そのものをディスプレイとして映像を映すこともできるようになるかもしれません。プロジェクションマッピングは映像を映し出す機材が必要で、映像に合うように動きは制限されますが、それがもっと自由になります。たとえば、自分で好きな映像を選択して映したり、着ている人の感情や動きに応じて色や形が変わったりする服が考えられます。あるいは、背景の風景を衣服に映し出すことで、透明人間のように風景に溶け込むことも可能になるでしょう。

素材の進化という点では、たとえば、ファッションブランド「ANREALAGE（アンリアレイジ）」主宰のデザイナー・森永邦彦氏が、ファッションショーやイベントで、紫外線で色が変わる服、気温で変化する服、気温に応じて花のコサージュが開いたり閉じたりする服、見る角度や光の当て方でまったく色が変わる服など、さまざまな実験的な試みを行っています。

こうした取り組みが、ファッションショーやイベントでの発表から、将来的に市販の衣服にも取り入れられるようになれば、ファッションの楽しみ方が広がっていくはずです。

衣服そのものもディスプレイにできる!?

「アンリアレイジ」が実際に出品したドレス。
同じドレスでも、紫外線を当てることで、異なるデザイン（柄や模様）を表現できるようになる。

2 エンターテインメントの進化

デジタル世界に入り込む体験

映像や音楽、舞台芸術などのエンターテインメントの分野では、デジタル技術を活用して、その場に入り込むような「没入感」を高めることが追求されています。

たとえば、ライブやイベントなどでプロジェクションマッピングや大型ディスプレイを使ってステージも客席も会場全体がひとつになるような演出をしたり、ドローンを使ってより対象に近づいた撮影などが行われるようになったりしています。

映像を観るときに複数の視点のカメラを切り替えることができ、自分の見たい人や場所を拡大できるというサービスも登場しています。

また、映像が立体に見える3D映画や、3Dに音や香り、動きなどを加えた4D映画などがありますが、これらも没入感の追求といえます。

AR・VRは場所を超える

スマートフォンなどの端末を使って現実世界にデジタルの世界を重ね合わせることのできる「*AR（拡張現実）」、ゴーグルなどの専用機器を使ってデジタルの世界に入り込むことのできる「*VR（仮想現実）」は、エンターテインメントの分野を大きく変化させています。ARやVRが一般に普及しはじめたのは2016年頃です。以降、専用機器の使いやすさや映像のリアルさが向上し続けています。

2020年頃から、新型コロナウイルス感染拡大の影響により、ライブやイベントのオンライン配信が積極的に行われるようになり、VR空間でのライブやイベントも行われるようになっています。技術がさらに進めば、自宅にいながらVRで現実の会場とほぼ同じ体験ができるようになるでしょう。

AR・VR･･･ARはAugmented Reality（アグメンテッド・リアリティ）の略で、拡張現実といわれる。現実世界に仮想世界を重ねて表示する技術。VRはVirtual Reality（バーチャル・リアリティ）の略で、仮想現実といわれる。デジタル技術による空間を現実のように感じさせる技術。

あなたのために物語がつくられる

ARやVRで映像を映しながら、その人の興味関心に合わせてストーリーを変化させる作品への挑戦も始まっています。作品の途中で現れる選択肢のどれを選ぶかでストーリーが変化する映像作品はすでに存在しています。

ここに、さらに映像を見る専用ゴーグルなどで視聴者の視線を測定してその人の興味関心を解析することで、見る人に応じて自動的にストーリーを変化させる作品の制作も試みられています。

もうひとつの現実メタバース

VRなどによりバーチャル空間に世界がつくられ、ユーザー同士のコミュニケーションやそのなかでの生活があり、ひとつの社会として機能している仮想空間のことを「メタバース」といいます。特に2010年代後半から、メタバース利用を促進するVR端末の開発にさまざまな企業が参入し、メタバース内でのライブやイベントなども開催されています。

メタバースは、2022年時点ではさまざまなサービスが存在しており、デジタルや最新技術などが好きな人たちが積極的に利用しているようです。

インターネットも同じように、最初は一部の愛好家が利用するものでしたが、コンピューターや通信インフラの発展により、だれもが当たり前に利用できるものになりました。

メタバースも、今後は“メタバースといえばコレ!!”といった代表的なサービスが定まり、だれもが利用しやすい機器が登場すれば、現実世界と並行してメタバース内で仕事や遊び、買い物など生活を営むことも普通になるかもしれません。

メタバースはいろいろな利用がされている

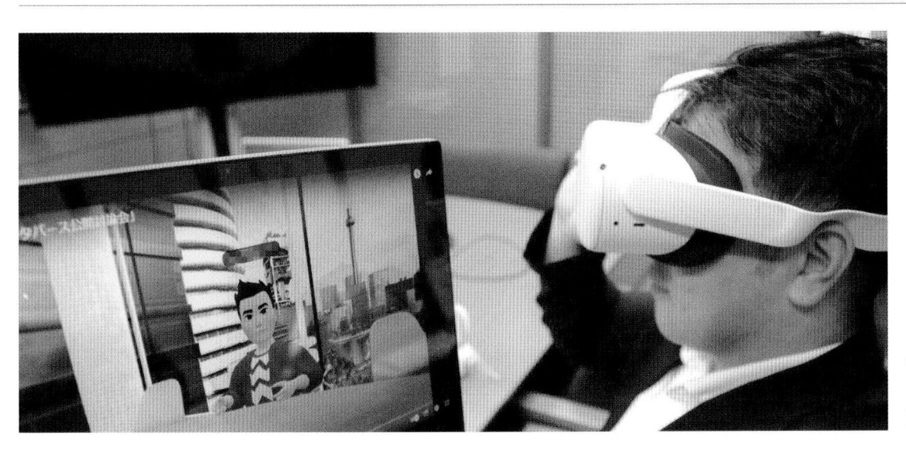

メタバースのなかのアバターを使って、有権者との討論会に参加する国会議員。

スポーツとデジタルの融合

会場にいるような VRスポーツ観戦

スポーツ観戦にVRを活用することで、離れていても、その場にいるような体験ができるサービスが試みられています。

たとえばソフトバンク社では、アメリカのVRベンチャーのNextVR社と協力して、サッカーやバスケットボールの試合で、観客席の最前列やゴール裏など会場のさまざまな場所に設置されたカメラの映像をVR配信しています。

今後に向け、離れたところにいる人ともVRで一緒にスポーツ観戦ができるような技術の開発にも取り組んでいます。

バーチャルスポーツで新しい体験を

スポーツを観戦するだけでなく、自分でスポーツを楽しむ場合も、デジタル技術を活用したバーチャルスポーツの技術が進むことで、これまでにない体験ができるようになるはずです。

たとえば、現実の空間にサッカー場などのグラウンドをAR映像として映し、プレイヤーの動きに合わせてボールなども映像で動くというバーチャルスポーツの開発が進められています。この技術を使えば、専用の競技場がなくとも、ひとつの空間でさまざまなスポーツを楽しむことができます。また、競技の難易度や運動量などを簡単に調整できます。

任天堂から販売されているNintendo Switch Sportsなどは、現実の人間の動きが画面のなかに反映されるという点で、未来のバーチャルスポーツにつながる技術といえます。

データに基づくスマートスポーツ

心拍数や体温をはじめ人の体のさまざ

まな状態をセンサーで測定する生体情報センシングをスポーツに活用することで、一人ひとりの健康状態に合った運動量やトレーニング、最適な道具選び、さらには試合の戦略などに役立てることができます。このようにデータに基づいてスポーツに取り組むことを「スマートスポーツ」と呼びます。

たとえば、アディダス社では早くからスマートスポーツの考えに基づいた商品開発を行っており、呼吸量や心拍数、脳波などの情報を測定し、データ解析を行って運動に関するアドバイスを行う製品をすでに販売しています。こういった取り組みがさまざまなメーカーやスポーツ団体に広がれば、多くの人が無理なくスポーツを楽しむことができ、学校の体育や部活などでも今より効率的に上達を目指すことができそうです。

人と機械が融合する新しいスポーツ

デジタル技術によりスポーツやその観戦のあり方が変化するだけでなく、デジタル技術そのものを競うスポーツ大会も生まれています。2016年にスイスで始まった「サイバスロン」は、障がいのある人が日常の動作を補うためにロボットやコンピューター、AIなどを活用して、それらの開発者とともに技術をどれだけうまく使えるかを競います。パラリンピックなどとは違い、競うのは運動能力ではなく、技術そのものです。

また日本では、人の身体能力をロボットなどで拡張することを目的として、人と機械が一体となってさまざまな競技を行う「超人スポーツ」が誕生しています。

超人スポーツ協会の認定競技のひとつ「バブルジャンパー」

バネでできた西洋竹馬を足につけ、弾力性のある透明な球体を上半身に被ってぶつかり合い、相手を先に倒すかエリアから出した方が勝ちとなる競技。

(写真提供) 超人スポーツ協会／AXEREAL株式会社／TeamBJ

コラム

日本の課題解決には、DXが必要だ!!

ここまで、社会のデジタル化が進むことによって、人々の暮らしがより便利になり、社会のさまざまな課題の解決につながる可能性があることを紹介してきました。そして、デジタル技術を活用して社会をより良い方向に変化させることをＤＸ（デジタル・トランスフォーメーション）と呼ぶことについても、巻頭コラムで説明しました。

2021年に、日本のデジタル社会を実現するために設立されたデジタル庁も、積極的にDXに取り組んでいます。

デジタル庁のWebサイトでは、「デジタル庁の概要」として次のような説明がされています。

> デジタル庁は、デジタル社会形成の司令塔として、未来志向のDX（デジタル・トランスフォーメーション）を大胆に推進し、デジタル時代の官民のインフラを今後5年で一気呵成に作り上げることを目指します。
>
> 徹底的な国民目線でのサービス創出やデータ資源の利活用、社会全体のDXの推進を通じ、全ての国民にデジタル化の恩恵が行き渡る社会を実現すべく、取組を進めてまいります。
>
> （デジタル庁 Webサイト「組織情報」より）

スマートシティ、スーパーシティって何？

本書の第1章〜第4章で、さまざまな分野におけるデジタル技術を取り上げ、個々のデジタル技術がどのように進化しているのかについて紹介してきました。

すでに実現している技術や、現在は試験段階にあるけれど、近い将来には実用化が期待されている技術など、その達成レベルはさまざまです。

ただ達成レベルに差はあっても、デジタル技術が大きく進化していることは確かです。その活用によってわたしたちの生活はもっと便利になります。

そして今日では、国が主体となって「スマートシティ」「スーパーシティ」という街づくりが進められています。スマートシティとは、本書で取り上げたような多様なデジタル技術やICT（情報通信技術）を活用して、高齢化や人口集中の問題、さらにエネルギー活用の最適化に関する問題といったさまざまな社会課題を解決するために、都市の土台となる機能をより効率化していこうという都市開発の考え方です。

スマートシティという言葉は、2010年前後に社会に浸透し始めたといわれています。その当時は、特定分野を対象として、デジタル技術などを活用した課題解決を目指すというものでした。たとえば、エネルギーをテーマにしたスマートシティや、防災をテーマにしたスマートシティなどです。海外でも、CO_2の排出ゼロを目指して再生エネルギーをテーマにした取り組みや、市民の健康管理をテーマにしたスマートシティなどもあります。これらは「個別分野特化型」のスマートシティと呼ばれます。

そしてその後、1つのテーマに特化するのではなく、「環境」「エネルギー」「交通」「通信」「教育」「医療・健康」など、複数の分野のテーマを取り上げる「分野横断型」のスマートシティへの取り組みがなされるようになりました。

スマートシティの事例（「スマートシティ会津若松」）

福島県会津若松市では、2011年の東日本大震災を受けた復興プロジェクトとして、スマートシティプロジェクト「スマートシティ会津若松」をスタート。スマート農業・オンライン診療・AIオンデマンド型路線バスなどに取り組んでいる。（写真は、2019年にプロジェクトの一環として開設した「スマートシティAiCT」）

コラム

一方のスーパーシティは、AI や IoT、ビッグデータなどを有効に活用し、対象地域（都市）の住民や企業、そして国や自治体が一体となって理想的な未来都市をつくることを目指したものです。すでにふれた通り、個別分野においては、たとえば自動運転車の技術が進歩していたり、ドローンを使った買い物支援が可能になったりするなど、DX が進んでいます。そうした個別の技術などを、わたしたち一人ひとりの実際の生活にあてはめて役立て、あらゆる分野で、人々にとって、より便利で、より快適な都市にしようというのがスーパーシティなのです。

スーパーシティは、生活する人々の目線に合わせて、行政、交通、物流、観光、医療、教育、防災など、暮らしに密接なあらゆる分野でデジタル技術や ICT を活用して、豊かな都市をつくりあげることを目的としています。

スーパーシティは、暮らし全体の快適・便利を実現する

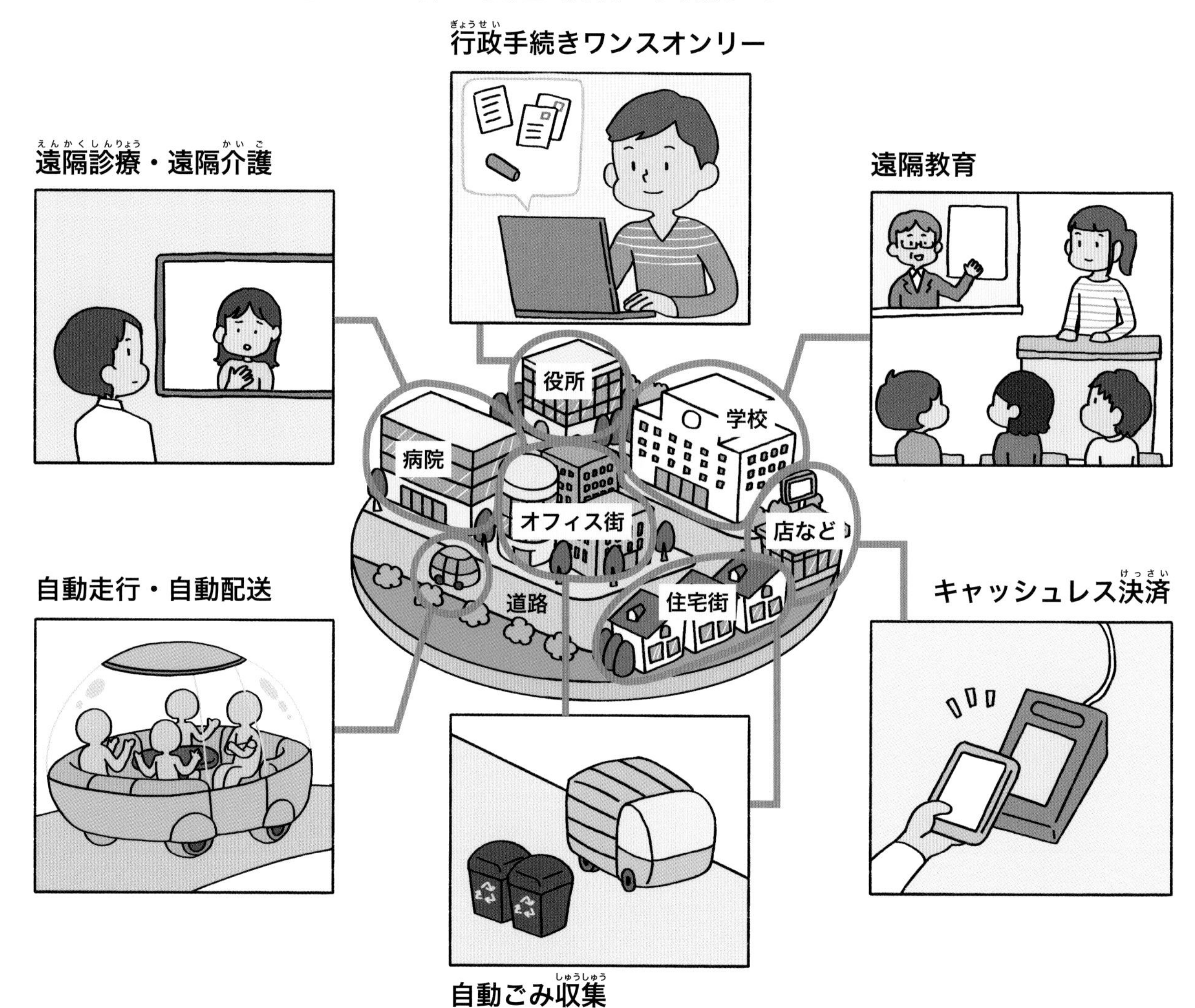

さまざまな分野のデータ連携が、スーパーシティのかなめ

スーパーシティの実現で重要なのが、さまざまな分野のデータ連携です。

さまざまな分野のさまざまな企業や団体が関わっているデータを連携するために、デジタル庁をはじめとした関係省庁や、地方自治体が協力して、共通してデータを管理できる仕組みをつくろうとしています。また、さまざまな分野の膨大なデータを連携して利用するためには、それだけのデータを扱うことのできる通信の回線やシステムの整備も欠かせません。たとえば、ある住民の病気に関するデータと、気象データを連携させてAIで解析することによって、その住民の健康に悪い影響を及ぼしそうな天気が予想されるときには、その人が持つスマホやタブレットに通知を配信し、外出を控えるように注意をうながすといったことが可能になります。しかし、その住民の病気に関する診療データと、気象予測データが別々に管理されていたら、こうしたサービスの提供は不可能になってしまいます。このように、データ連携がなされているかどうかで、提供可能なサービスも変わってきてしまうのです。

DXが日本の課題「少子高齢化」への対策になる

日本の人口は、2008年以降、減少を続けています。これは子どもの生まれる数（出生数）が減っているためです。一方で高齢者の割合は増えており、この状況を少子高齢化といいます。少子高齢化が進むと働く人の数が減って、企業が人手不足になったり、行政や医療サービスが減少したり、さらには商店が閉店したりといった不具合が進んでしまいます。そこでＤＸにより業務が効率化されれば、少ない人数で企業の人手不足が軽減されたり、行政や医療、その他さまざまなサービスを提供し続けたりすることも可能になります。また、場所にとらわれず、日本全国どこでも自分に合った教育を受けたり、仕事の選択肢が増えたりするなどのメリットも得られることでしょう。

デジタル庁ができたことで、こうしたデジタルによる日本の課題解決が、今後スピードアップしていくことが期待されているのです。

さくいん

数字・アルファベット

あ

か

さ

た

な

は

ま

ら

●監修

池上 彰（いけがみ あきら）

1950年長野県生まれ。1973年NHKに記者として入局。松江、呉での勤務の後、東京の報道局社会部記者。事件、事故、気象、災害、教育、消費者問題等を取材。1994年から11年間、NHKの「週刊こどもニュース」のキャスターとして、大人の世界のニュースを、小学生にもわかるように伝える番組の責任者を務める。
2005年にNHKを辞めて独立、現在はフリージャーナリストとして、世界各地を取材し、執筆の傍ら各種メディアにも出演している。主な著書に、『そうだったのか！現代史』（集英社）、『伝える力』（PHP研究所）、監修に『池上彰の新聞活用大事典』『池上彰のみんなで考えよう 18歳からの選挙』『池上彰と考えるフェイクニュースの見破り方』『池上彰と考える災害とメディア』（いずれも全4巻、文溪堂）他多数。

●装丁
村口敬太（Linon）

●本文デザイン・DTP
有限会社オズプランニング

●イラスト
有限会社オズプランニング・酒井由香里

●写真提供
カバー・表紙 PIXTA

本文：6・7・33・39・43ページ 毎日新聞社／アフロ
10ページ Aviation Wire／アフロ
23ページ AFP／アフロ
25ページ ロイター／アフロ
31・37ページ 読売新聞／アフロ
41ページ 超人スポーツ協会／AXEREAL株式会社／TeamBJ

●編集協力
図書印刷株式会社／
有限会社オズプランニング・河村郁恵

ISBN 978-4-7999-0466-4 NDC360 48p 293×215mm

池上彰と考える
未来の社会とデジタル庁
2．DXが変える世界と日本

2023年1月 初版第1刷発行
発行者 水谷 泰三
監 修 池上 彰
発行所 株式会社文溪堂
〒112-8635 東京都文京区大塚3-16-12
TEL 営業 (03) 5976-1515 編集 (03) 5976-1511
ホームページ https://www.bunkei.co.jp
印刷・製本 図書印刷株式会社

乱丁・落丁は郵送料小社負担でおとりかえいたします。定価はカバーに表示してあります。